青土社

ナショナリズムと想像力

Nationalism And The Imagination

ガヤトリ・C・スピヴァク

鈴木英明 訳

Gayatri Chakravorty Spivak

ナショナリズムと想像力

ソフィア〔ブルガリアの首都〕のこの高等研究センターにお招きいただき大変光栄に存じます。アレクサンダー・キオセフはわかってくれていますが、私はこうした機会が実現するように力を尽くしてきました。これからお話するのはインドに関することで、インドの事例は唯一無二とは言えませんが独特のものです。〔イギリスの植民地支配から〕独立した直後のインドの歴史に見られるようなナショナリズムを、ここブルガリアの歴史に見出すことはおそらくないでしょう。

今日の午後、「さまざまな差異を尊重しながら共存していくこと」と題された論文をアレクサンダーからいただきました。まさにこの論題で言われていることを、私から聴衆のみなさんにお願いしたいと思います。センターの研究グループが翻訳に興味を持っていることも、私を招いた理由の一つだそうですね。これからお話する状況は、まさに翻訳する必要のあるものです。

インド独立〔一九四七年〕のことは覚えています――私はまだ幼かったのですが早熟でした〔スピヴァクは一九四二年生まれ〕――それは信じられない出来事でした。しかし、最初の記憶は飢饉に関するものです。死を目前にした痩せこけた人びとが街路にあふれ、家の勝手口まできて粥《かゆ》を乞うのです。これは人為的に引き起こされた大飢饉で、第二次世界大戦中にイギリスが太平洋戦区の軍隊の食料を確保したことが原因です。この少し後、インド人民演劇集団〔Indian People's Theatre Association〕――あの名高いＩＰＴＡ――のすばらしい歌を習いました。ＩＰＴＡはなぜ政治にかかわることができたのでしょうか。文学的表象は政治的でありうるかということについて私に質問なさった方がいましたね。当時、反英運動を抑えようとして、予防拘禁を認める刑法第一四四条が施行されました。しかし、イギリス当局はインドで使われているさまざまな言語が理解できなかったので、劇場はそのまま放っておかれ、ＩＰＴＡは政治組織として生き残ったのです。ベンガルのほとんどの子どもたちと同様、私もＩＰＴＡのすばらしい歌を習いました。私たちの文化的記憶に残っているその歌のリフレインを引用しましょう。「これ以上米はわたさない、血にまみれたこの米は、われらの命なのだから。」私はこの一節を、階級闘争にだけ結びつけ、イギリスによる支配に結びつけることはありませんでした。

イギリス人は、日本人に関する下卑た歌のなかに出てくるだけでした。「ドレミファソラシ／ドカンと爆弾落とした、日本人の上に／爆弾の中身はヘビのコブラ／イギリス人は叫ぶ、『ああ神様、助けて、助けて。』」私たちはベンガルにいて、日本はイギリスを撃退しつつあると思っていましたし、そのことで日本人を称賛していました。私が生まれたとき、コルカタの人びとは日本の爆撃を恐れて疎開していました。みなさんの国ブルガリアは、始めは枢軸国側でしたが後になって同盟国側につきましたね。インドではそれが同時に起きていたのです。第二次世界大戦において〔インドで〕もっとも多く戦死したのは、イギリスのために戦ったインド人兵士でした。他方で、インドの東端では日本を始めとする枢軸国と手を結んでいたのです。家族ぐるみの友人だったスバス・チャンドラ・ボースは、日本の友人であり、インド国民軍の指導者でもありました。チャンドラ・ボーズは日本へ渡り、それからドイツへ行きドイツ人女性と結婚しました。（コルカタ空港は、彼にちなんで「スバス・チャンドラ・ボース空港」と呼ばれています。）インドではこうして、連合国と枢軸国の両者と同時に手を結ぶということが起きていたのです。両者を分かつ線は越えられていました。何が起きていたかといえば、ヨーロッパの人びとにとってはホロコーストであり、私たちにとっては世界大戦、つまり植民地支配の終わりだったということです。

すでに申し上げたとおり、私が生まれたときコルカタの人びとは疎開していました。ところが、私の母は疎開することを拒否したのです。母は、「お腹の子はコルカタで生みます」と言いました。私の祖母もいっしょに残り、こうして私はコルカタで生まれたのです。一九四六年に幼稚園に入園しました。この幼稚園は十月に閉鎖されました。私たちはサイード・アミール・アリ街のはずれに住んでいたので、ムスリム街は目と鼻の先でした。この区域は、ヒンドゥー教徒とイスラム教徒が衝突して暴力沙汰が起きる、とても危険な場所でした。それは政治的に動員された暴力でした——インドは分断されつつあったので、それまで小競り合いはあってもずっと何百年もいっしょに暮らしてきた人びとが突然敵同士になったのです。こうしたことが、当時四歳だった私の最初の記憶です。ヒンドゥー教かイスラム教のどちらかの神を称える叫び声が何度も上がりました。子どもでさえ、その叫び声が、ナイフで刺されたか、あるいはナタで斬りつけられたときのものだとわかっていました。(こうした騒動では拳銃は使われなかったのです。)動員されたのは労働者階級、下層階級の人びとでした。というのも、イギリスと上流階級の連中が手を結んで、インドを分割することに決めていたからです。街に血が流れたというのは、譬喩で言っているのではありません。こうしたことが私の最初の記憶です。街にあふれる飢餓と血です。

私の両親は世界規模での世俗主義〔政教分離〕を唱え、またカースト制度に反対してもいました。私は無神論者ですが、ヒンドゥー教徒の家に生まれました。夜になると、近隣の低所得者居住地（当時はスラムと呼ばれていましたが、いまではその呼び名は政治的に正しくないものですね）から父が連れてきたムスリムの女たちや子どもで家はにぎやかでした。ムスリムの男たちと父はよくテラスにいました。

これとは対照的に、〈独立〉は穏やかな出来事でした。年配の人びととの上機嫌なおしゃべりや、果てしなく続く政治談義といったところです。忘れないでくださいい、私たちは三百年ものあいだイスラム帝国の支配下にあり、その後二百年間イギリスの支配下にあったということを。ですから、やはり独立は大きなことだったのです。人びとは白と青に身を包んで街路を行進し、旗を振り、タゴールが作った例の歌〔後のインド国歌〕を歌いました。重要な出来事は〔インドとパキスタンの〕分裂、国の分割でした。母は夜明けに出かけ、小さな駅に東部〔東パキスタン。現在のバングラデシュ〕から列車が入ってくると、そこで難民支援と復興作業に精を出し、夜遅くクタクタになって家に帰ってきました。一夜にしてコルカタに人が溢れ、人びとの話し方も変わりました。もしもこうしたことが〈独立〉の思い出だとするなら、街路での民族主義者《ナショナリスト》の訴えは分裂症を引き起こしたことでしょう。

みなさんのなかに、コルカタ育ちで私と同年配で（そうした方がここにいないことはわかっていますが、とにかく話を続けます）、絶望的な避難生活を送らずにすんだ方がいらっしゃれば、ドゥルガープージャ――ドゥルガープージャは商業化された重要な祭日で、イデオロギーによって作られた一大イヴェントです――のたびに拡声器を使って流されたのが、ヒンディー語の映画の歌に加えて、

『スィーラジュ・アッダウラ』と『メバール・パタン』というお芝居だったことを覚えているでしょう。『スィーラジュ・アッダウラ』は、領土を拡張する帝国主義をインドに持ち込んだロバート・クライヴと戦い、哀れにも裏切られたベンガル太守、ムスリム王の物語であり、『メバール・パタン』は、ラージプート族〔クシャトリアの子孫と称する、北インド地方に多い好戦的種族〕の掟をそれとなく織り込みつつ、百年前に私の一族が書いたお芝居です。こうして、ムスリムとイギリス人とのあいだに曖昧な類似関係ができあがったのです。ブルガリア人のみなさんはオスマン帝国との関係があるので、こうした事情はよくわかるのではないでしょうか。イギリス人は私たちの敵だ、ムスリムもそうだ——曖昧な類似です。というのも、イギリス人は突然私たちの救い主になるかもしれないからです。

ムスリムは敵であるだけでなく邪悪でもあるという、根強く残っているこうした偏見は、ヒンドゥー教徒の右派によっていまだに吹聴されています。『メバール・パタン』の有名な歌に流れている感情を翻訳してみましょう。快楽に溺れた性行為は悪いこと、母と妻は守らねばならない善き人、ムスリムは敵。しかし、このお芝居は名高い解放論者の詩人が書いたもので、その詩人の歌は独立記念日のたびに歌われているのです。その歌を少し訳してみます。「卑しい肉欲に溺れることがお前にふさわしいのか、街と国が敵におののいているこのときに。ムスリムの打撃で砕けたその胸を飾るには、情婦の腕がふさわしいのか。母と妻が危機にあるとき、己が命を惜しむ者がいるだろうか。さあ武器を取れ！　武器を取れ！」

一九五〇年代のコルカタで思春期を過ごした私が頭で理解しつつあったのは次のようなことでした。つまり、ナショナリズムというものは、人が生まれたときの状況に結びついており、またそうした状況は移住や結婚によって、あるいは家系は古代にまで遡ると主張することで消えてしまう歴史によって、再コード化されるわけですが、そうした状況にナショナリズムは結びついている、ということです。ナショナリズムを構成している要素は、私が後に、再生産〔生殖〕をめぐる異性愛規範と呼ぶことになったものを仮定してみると見つかります。こうした理由で先ほど歌を引用したのです。あの歌のどこをとっても再生産をめぐる異性愛規範が見つかりますからね。重要な問いは次のようなものでした。あなたは自然《ナチュラル》のままなのですか、それとも自然化《ナチュラライズド》されているのでしょうか。ジョージ・ブッシュですか、それともマデレーン・オルブライトですか〔オルブライト元国務長官は、世界を善と悪に分けるという虚構が米国の政策となっていることを問題視し、「悪の枢軸」論を展開するブッシュ大統領を批判した〕。ブルガリア人ですか、それともトルコ人ですか。こうした問いです。ブルガリア人はロシア人よりも先に国家を組織していたのであり、ロシア人よりも先にキリスト教徒だったのだ、トドル・ジフコフ〔ブルガリアの政治家で共産主義者。一九一一―一九九八年〕がそう言っているのを読んだとき、私はいま述べたことを考えました。それは、祖先を共有していることでナショナリズムを生み出すなにかを見つけるために、古代にまで遡ることです。

大人になるにつれてわかってきたのは、正統性の起源としての、再生産〔生殖〕をめぐる異性愛規範にナショナリズムが関連しているということです。アメリカ合衆国に行き、また世界中を飛び回るようになって、トランスナショナルな行為体《エイジェンシー》のアリバイは、発展途上国におけるナショナリズムであることに気づきました。ここブルガリアでは、人道主義的介入という名目で軍事介入を行うときですら、ジェンダーが口実でした。私はエリック・ホブズボーム〔イギリスの歴史家。一九一七年――〕と同じく、ナショナリズム以前にネイションは存在しないと思っています。ただ、私はホブズボームのように、ナショナリズムが一八世紀後半に出現したとは考えませんが。

母語を愛すること、自分の住む街の一角を愛することが、いついかにしてネイションにかかわることになるのでしょうか。ナショナリズムではなく「ネイションにかかわること」と私が言うのは、ネイションに似た、生まれによって束ねられた集団、警戒し合う見知らぬ者たちから成る集団は、ナショナリズムが出現するずっと前から存在しているからです。国家の編成は変化し、ネイションにかかわることは歴史の変位に沿って動きます。ハンナ・アーレントはこの点に十分気づいていて、ナショナリズムを国家という抽象的な構造体に結びつける試みないしは出来事には、古い歴史があるわけではなく、それが今後長く続くわけでもない、そうほのめかしました。ユルゲン・ハーバーマスが言うように、私たちはポスト‐ナショナルな状況に生きているのです。やがてわかるでしょう。

母語を愛することがいついかにしてこのように変化するのか、という先ほど提起した問いに戻りましょう。母語を愛すること、自分の住む街の一角を愛することが、いついかにしてネイションにかかわることになるのでしょうか。この問いを短く切り詰めて言い換えましょう。こうした愛ないしは愛着は、安らぎ以上のものです。声高に語られた愛国心やナショナリズムとはずいぶん違います。こう言い換えましょう。母語のうちに感じられる安らぎ、自分の住む街の一角や歩道のあたり――私はニューヨークに住んでいるので、消火栓や教会の扉もこれに加えます——に感じられる安らぎは、いついかにしてネイションにかかわることになるのでしょうか。

さらにもう少し切り詰めて考えてみましょう。ネイションにかかわることが呼び起こすこうした根本的な安らぎは、プラスの感情ではありません。私がこのことを学んだのは、インドの或る村の人びととのあいだで十八年間続いている友情のおかげです。私はこの村びとたちのために、村びとたちと共に働いてきました。教師として、そして教師たちの指導者として働いたのですが、私の教え子やその親たちをロマンチックに思い描く癖は私にはありません。話を戻しましょう。自分の話す言語や自分の家に感じる根本的な安らぎは、ナショナリズムが呼び起こすものですが、これはプラスの感情ではありません。(〈独立〉のとき、つまり既存のナショナリズムから新たな国民国家《ネイション・ステイト》が生まれてくるときにコルカタという大都市の住人であった私は、このことに気づかないままだったかもしれません。)こうした安らぎという感情以外になにもないとき、この感情がもたらすのは自分がそこにいるということだけです。どうか忘れないでください、私がお話しているのは、レジスタンスのグループについてではなく、悲惨な出来事をあたりまえのこととして受け入れる人びとについてなのです。それがサバルタンであり、私がいっしょに働いていた人びとです。いまお話したことを、私は社会の下層にいる人びとから学びました。根本的な安らぎがなくなると、寄る辺なさという感情、方向を見失っているという感情、依存したいという感情が生じますが、それはネイションにかかわることではありません。極端な場合、人びとは団結して、宗教的言説のようなものを改変して暴力を認めうる倫理を生み出すことによって、共通の大義を掲げるようになるでしょう。これについては、サバルタン研究グループの歴史家たちがその初期の仕事で追究しました。つまり、ある種の暴力を認めうる危機的なところまで行った宗教の跡をたどることです――しかし、そうした宗教的言説はナショナリズムではありません。

ヨーロッパの外部には私的《プライヴェート》という概念はないという紋切型があります。ヨーロッパの外部という領域――そう呼びうるとして――においては、安らぎを奪われているという深く根本的な不安を皆が感じており、まさにこうした不安が集団を束ねているのだという紋切型、こうした紋切型に私たちはすっかり慣れてしまっています。インドのように大きく、また階層化した国では、ナショナリズムはうまく機能しないということを理解しなければなりません。

私が説明してきたナショナリズムは公的領域で活動します。しかしサバルタンは、私的なことで動員されたときに結集するのです。この場合の私的なことは、公的なことに関する意識から二次的に派生してくるのではありません。二次的派生物ではない私的なこと、これはヨーロッパの人びとにはとても理解しにくいものです。女たち、男たち、クィアな人たちは、いかなる場合でも公的‐私的という線に沿って分断されているというわけでは必ずしもありません。私は先ほど、二次的派生物ではない私的なことを公的領域の反意語として捉え、ナショナリズムはこうした私的なことを再コード化するものだ、そううっかり口にしました。

ナショナリズムについて考え始めると、二次的派生物ではない私的なことが、公的なことの反意語として再コード化され再領土化されてきたことがわかります。あたかもそれが、公的なことの対立項であるかのように。もちろんこうした変化は歴史的なものですが、論理的なものでもあります。いまお話しているサバルタンの人たちは、現代に生きていながら前近代の状態に置かれたままなのですから。

私はここで、公的領域の出現に関するほとんどヘーゲル的な歴史物語を繰り返すつもりはありません。どの国のナショナリストであろうと、ナショナリズムを考える方法が通時的であろうと論理的であろうと、ナショナリズムを求める衝動は、「われわれのものである公的領域の機能を支配しなければならない」というものです。ナショナリズムが過去を蘇らせ利用するのはそのためです。ナショナリズムが、その必然的な帰結ではないとしても、自分たちのものではない他者の公的領域を支配しようという決断につながることがあります。ここから、自分たちは比類のない民族であるという意識が、そして悲しいことに、他よりも優れた民族であるという意識が——この意識の変化はあっという間に起こります——多くはそれと気づかないままにですが、必然的に生じてきます。

私がこれまでお話してきたのは、ナショナリズムを読み解くことによって、公的領域を創設する論理とナショナリズムとがなぜ連携できないのか——これは公的領域の条件でありかつその結果〔効果〕なのですが——その理由を説明することでした。理由はただひとつです。ナショナリズムは、それがどんなものであれ、自分たちは特別な生まれだという私的な確信を持つことによって、そして、二次的派生物ではない私的な——自分の街にいるのだという——安らぎを足場にすることによって、確保されるということです。

もしもナショナリズムが、人間のもっとも私的な部分に訴えることによって確保されるのだとしたら、非常に便利でわかりやすい形態の民主主義は、まったく取るに足りない意味で公的な——ひとりひとりが互いに等しいという算術にもとづく——普遍的特性によって確保されます。合理的選択によっては支持されないこうした浅薄な算術は、ナショナリズムによって使われる場合もありえます。公的領域に対する支配をしだいに強めていくという人類の物語がすなわち進歩という物語である、私はそのようには思っていません。宗教と科学の論争においてはそうした物語が前提とされており、そこでは、想像力、文学、芸術といったものは理性にも非理性にも従属してはいないということが忘れられています。文学や芸術が発達したナショナリズムを支えうるということは誰もが知っています。文学や芸術は、「われわれは皆こうやって苦しんだのだ、忘れるな、これが過去に起きたことだ、忘れるな」と唱えながら、記憶を再編成する大規模なプロジェクトに加わり、その結果、歴史は文化的記憶に変えられるのです。文学はこれをさらに進めて、栄光に輝く過去、偉大な民族解放闘争、異教に対する寛容の精神等々をわれわれは共有している、そうほのめかします。私が最後に示唆しようと思っているのは――最後に、というのは誤解されることがあるからなのですが――文学の想像力は脱‐超越論化するナショナリズムに影響を与えられる、ということです。ただ、これは私がいまお話していることではありません。私はいま、想像力はナショナリズムの温床であるという紋切型を繰り返しているのであり、さらに文学の想像力の方へと進み、人文学を教えることを通じて読み手の想像力を鍛えることによって、読み手が書かれたものを受容し、そうしてナショナリズムの同一性を超えて、インターナショナルなものの複雑なテクスト性《テクスチュアリティ》に向かっていけるようにしているのです。この点についてはまた後でお話しましょう。

さて、口承定型詩から学んだことについてお話したいと思います。物語《ナラティヴ》に関して重要なことがシークエンスだとするならば、口承定型詩に関して重要なことは等価性（equivalence）です。ここで言う等価性は、釣り合っているという意味での価値——それは経済学の領域におけるマルクスの定義です——のことではありません。より口語的な意味での価値のことです。私たちは、シークエンスを研究することによって物語《ナラティヴ》から学びます。口承定型詩から学ぶのは、等価性《イクィヴァレンス》に習熟することによってです。何年か前に、ロマン・ヤコブソンは詩的機能としての等価性という概念を提示しました。ヤコブソンは、典型的なモダニストの流儀で、等価性は意味という重荷を引き上げると考えました。私は〔インドの〕サバル族の女性たちが口承定型詩を吟誦するのを聴いたことがあります。この女性たちのために私は学校で教師を養成していたのですが、ついに村の地主がその学校を私から取りあげ、臨時労働者を育てるために学校を企業に手渡したのです。その女性たちが口承定型詩を吟誦するのを聴いて私は確信しました。この女性たちを支援する、読み書きができる多くの人びとは、〔吟誦の〕音調や言葉の単調さにうんざりしてしまいますが、この単調さを超えて出来事を生じさせるのは、等価性における創意工夫なのだということを確信したのです。サバル族の女性たちは、インドの八二〇〇万人の土着民のなかでも、きわめて小さな声なき集団です。彼女たちは、何百年ものあいだ受け継がれてきたこの芸能をやがては忘れてしまうでしょうが、いまでも口承定型詩を歌う練習をしています。ここでの口承芸能の伝承はジェンダーによって分断されています。サバル族の男性たちが村の外の世界に接するのは、ヒンドゥー教徒の村に行って惨めな日雇い仕事をするときです。彼らは一日が二四時間だということを知らないので、いつもだまされています。そういうわけで、こうしたサバルタンにヘゲモニーを握る機会を与えるために、私は学校をつくりました。

とはいえ、ここの男性たちは村の外の世界に接する機会があるわけで、女性たちよりも「開かれている」と言えるでしょう。彼らは歌うとき、昔のまま保存され記憶されていながらも創意によって改変されうる口承定型詩を、暗唱しているように歌います。これはとても重要な違いなのですが、この男性たちは、読み書きができないように強制された世界に生きているのであって、代々伝えられてきたすばらしい記憶と共にある口承詩の家に閉じ込められているのではありません。ジェンダーという特殊な状況のために、この女性たちはずっと口承定型詩を歌う練習をしていました。

私が〔教師を養成する〕仕事をしていたこの地域は、植民地にされる前はマンブムと呼ばれていました。いまは違う地名になっています。隣接するジャルカンド州にはシングブムという村がありますが、現在この地名は地図上にはありません。植民地にされる前の名前ですから。南にはビルブムその他の村があります。マンブムの女性たちが詩を編むのを初めて聴いたとき、私がどれほど喜びに打ち震えたか想像してみてください。その詩はこう始まります。「マンブマー・マンラージャ」――「マンブムの王様」――いまでは誰も使わない植民地化以前のこの土地の名を使っていますね。この詩の次の行を読むとさらにうれしくなります。「コルカタ・ラジャ・パトール・グラン・ベ」――「コルカタの王は石のお屋敷に住んでいる。」コルカタは、「創意に満ちた等価性」と私が呼んでいるものの場所にありました。彼女たちは、数人のグループでコルカタの定期市に行こうとしていたので、こうした歌を作ってコルカタの王に敬意を表したのです。コルカタは私の生まれ故郷で、私は彼女たちといっしょに辺鄙な村の家で――そこには家具はなく、ドアも窓もなく、水道も電気も使えず、化学肥料が入っていた袋のような、六フィート×九フィートの大きさのポリエチレンのシートがあっただけです――その歌を歌いながら、コルカタの王とは誰のことなのだろうと考えていました。コルカタは植民地化されてから栄えた都市なので、太守がいませんでした。バルッダマーン、クリシュナーナガル、スリハッタ〔シレット〕、ジョショール、マイメンシンといった都市とは違って、コルカタにはヒンドゥー教のラジャ〔王〕もいませんでした。それでもこの女性たちは「コルカタの王は石のお屋敷に住んでいる」と歌っていたのです。この歌において、コルカタは転換子《シフター》〔たとえば「わたし」という人称代名詞のように、対象を指示するだけで固有の意味を持たない語〕の役目を果たしていたのですから、私が異議を唱える理由はありませんでした。

モハッシェタ・デビ〔東ベンガル出身の作家、活動家。一九二六年――〕がコルカタで部族民による市《いち》を開いていて、工芸品を買いに来る人びとがそこに集まっていました。マンブムの女性たちはその市へ行こうとしていて、それで詩を作っていたのです。この市が開かれるコルカタの建物はタッソケンドラ――インフォメーション・センター――と呼ばれています。その女性たちのひとりが「その建物の名前はなんていうの?」と訊くので、私は「タッソケンドラよ」と答えました。すると彼女たちはこういう詩を作りました。「タッソケンドラ・ラジャ・パトール・ダラン・べ」――「インフォメーション・センターの王は石のお屋敷に住んでいる。」そこは「コルカタ」のままにしておいた方がいいでしょう、と私は言いましたが、心のなかでは驚嘆しつつ気づいていました。つまり、彼女たちは、コルカタが動物園や公園や通りから成る都市であり、インフォメーション・センターは建物にすぎないということをわかっており、彼女たちに権力を振るう王などいないことはわかっていたのですが、古い地名であるマンブムやバラブムと同格の場所を作るような主権概念を、コルカタとインフォメーション・センターの両方に当てはめていたということです。

ここに見られるのは、神話をめぐる地理学におけるネイションなき思考、転換子《シフター》としての場所の名であり、これらは定型詩の力によって生み出されています。国際性《インターナショナリティ》という点から見ると、国民国家《ネイション・ステイト》はこうした——いまでは合理的に決定された——等価性《イクィヴァレンス》を持っていると思われています。グローバリゼーション下においてはそうではありません。なぜならば、この場合には価値の媒体《メディウム》は資本だからです。現実的には、こうした地理学は神話をめぐるものではありませんでした。それは、ジャン‐フランソワ・リオタールが、そして彼の前にはマーシャル・マクルーハンが、ポストモダニティについて、印刷された書物の時代を跳び越えて、ある種直観的に述べたことです。この二人のポリティクスにおいては、サバルタン性のテクスチャーが無視され、国際性《インターナショナリティ》にぴったりと重ねられてしまいました。リオタールは『文の抗争』（一九八三年）において、この重なりを引きはがそうとしましたが、ほとんどの読者はそのことに気づきませんでした。ポストモダンをめぐる議論から切り離されてしまうと、直観的に語られた地理学はプレ‐モダンと規定され、ホブズボームの場合はこれを前政治的《プレ・ポリティカル》と規定します。

私がいっしょに働いていたグループは、反グローバリゼーションとは関係ありません。これらの人びとは、あまりにも貧しいサバルタンなので、土地固有の知識を破壊したり人口抑制を説く監視員を襲ったりはしませんし、彼らが化学肥料や殺虫剤（いまではまったく使われていません）を使わなかったのは、当時始まったばかりのことで、大規模農業とは関係がなかったのです。

しかしながら、もしもあのサバルタンたちが反グローバリゼーションに関係していたとしたら、ナショナリズムへと動かされていたでしょう――というのも、アクティヴィストの労働者たちがネイションについて彼らに語っていたからです。私の考えでは、歴史的基盤のない感情的な集団性において、ナショナリズムへの契機は、究極的には、ナショナリズムも反グローバリゼーションも生み出すことはなく、自立を装った服従を生み出すのです。

ある年、さまざまな場所をめぐる、サバルタンの女性たちの歌に、私はある一節を加えました――加えたのは、「彼女たちの」村の名（ヒンドゥー教徒は彼女たちがその村に入ることを許しません）、彼女たちの地方の名といったものです――「西ベンガルは私の州、インドは私のネイション。」こんな感じです。

コルカタに行ったグループよりも大人数の女性グループと私が、少し離れた大きな村へ歩いて出かけたときのことです。二時間半かけて歩いていくのですが、歩きながら行う決まり事のひとつに、声を張り上げて歌うということがあります。このときカメラマンがいてくれたらいいのにと思いました――というのは冗談で、誰にもいてほしくはありませんが――この土地の女性たちと私が、木々もまばらなマンブムの平原を歩きながら大声でこう歌うのです。「インドは私の国」――「バーラト・ヘナ・デシュ・べ」――何度も何度も歌いました。ガヤトリ・スピヴァクがサバルタンと歩きながら合唱しているところをカメラで撮られていたら――スピヴァクがナショナリズムに接近した瞬間だ――そう思われたでしょう。もちろん、ナショナリズムに接近したわけではありません。口承定型詩は、その素材の中身から知識の堆積を抜き取ったうえで、どんな素材でも自分のなかに取り入れることができます。素材がその場の創意に合わないときには、素材から意味を取り去って等価性《イクィヴァレンス》だけ残します。ヤコブソンが詩的なものと考えたのはこれです。たしかにマンブムの女性たちは、西ベンガル、ベンガル語で言えばパスチム・バンガ――州の名です――のことを、長いことパスチム・マンガルと呼んできましたが、この「マンガル」というのはサンスクリット語の響きがありますが意味のない言葉です。そして、「インドは私の国」という歌詞を歌うのは、シュコダという女性が私のことをまだ好きだと伝えたいときだけなのです。(学校が閉鎖され、私はもう二度と彼女たちに会えないかもしれません。) 口承定型詩の真似をしろと言っているのではありません――創意に満ちた等価性という原理が、比較文学を研究する学者の情熱の核心にあるべきではないだろうか、そう申し上げているのです。非常に精緻化された比較研究は、これだけでうまく行くわけではありません。しかし、創意に満ちた等価性という原理は、現在の比較文学――西欧のナショナリズムを核にしてできあがっている基準によって価値を計られる比較文学——の位階序列的な機能を止めることになるかもしれないのです。パリの空港にいるとき、ニューヨーク州北部の訛りの強い英語が聞こえてきて閉口していたので、隣にいた母にベンガル語でこう言いました。「聞いていてうんざりするわね。」すると母は、やはりベンガル語で私をたしなめてこう言いました。「いいかい、あれもまた母語なのよ。」幼児期の言語習得過程を通じて最初に身につけた言語というのは、自分が話している言語だけではないのであって、こうした言語習得過程はいかなる言語にも当てはまる、そう感じ取ること。これが等価性《イクィヴァレンス》なのです。英語の敵になるというのはおかしなことです。人は気軽にこう言います。「英語はグローバリゼーションそのものだ。英語は文化の固有性を破壊している。」ここに等価性があります。等価性というのは、均一にすることではありません。差異を取り除くことでもありませんし、未知のものを既知の枠に押し込むことでもありません。それはおそらく、たとえば自分の第一言語が占めている唯一無二の場所を他のものが占めることができる、そういう認識を学んで手に入れることです。そうするには努力が必要です。感じ取ることができても、それを認識にまで至らしめることは容易ではありませんから。しかし、自分の国の食べ物や言葉や街角に感じている安らぎを捨て去る必要はないのです。遊牧民《ノマド》はこうしたものまで捨ててしまえますが。エドワード・サイードが〔『オリエンタリズム』において〕聖ヴィクトルのフーゴー〔神秘主義的スコラ学者。一〇九六―一一四一年〕の言葉を引用していますね。「故郷を甘美に思う者はまだ嘴の黄色い未熟者である。あらゆる場所を故郷と感じられる者は、すでにかなりの力をたくわえた者である。だが、全世界を異郷と思う者こそ、完璧な人間である。」人間は実際に話している言語すら捨てることができますが、比較文学研究はそうする必要はありません。等価性にもとづく比較文学研究が掘り崩そうとするのは、ナショナリズムにもとづく所有、独占、孤立主義的な拡張政策といった考え方なのです。

なぜ第一言語〔母語〕がこれほど重要なのでしょう。私たちはヨーロッパの歴史という遺産から私的‐公的という分割を受け継いでいるわけですが、人間の幼児は、この分割の外部で、第一言語の獲得を通じて公的なものと私的なものの中身を決めていくからです。言語には歴史があります。言語は、私たちが生まれる前から、そして死んだ後も、公的なものであり続けます。しかし、幼児はみなそれぞれ言語を生み出し、言語を、まさしく心の内側に触れるような、もっとも私的なものにするのです。より表面的な水準で言えば、ナショナリズムが我有化するのは、この二次的派生物ではない私的なことです。コミュニケーションのための公用語――ヒンディー語――が存在するインドのような多言語国家では、文学の領域において、比較文学研究にはもってこいの移動――私の母が行った移動――が可能です。何しろたくさんの第一言語があるのですから。二十四の言語、方言を含めれば八五〇の言語があるのです。ポストコロニアル文学を、英連邦、つまりかつての大英帝国におけるポスト帝国主義文学の別名にすぎないと考えるならば、いま述べたような移動はできないでしょう。

英連邦には、英連邦協会とよばれる連合体があります。これは、さまざまな言語を学ぶための組織でもあると考えられており、多くの国が加盟しています。キプロス、マルタ、ブルキナファソといった国も加盟していました。アフリカの十五の国も加盟国でした。しかしこの協会は、グローバル・イングリッシュを広めるための情報センターといったものになっています。言うまでもなく、この協会は、アフリカやインドのさまざまな言語で書かれた作品のテクスト分析を尊重する動きを歓迎すべきなのです。こうした動きはいまや、翻訳という問題を超えて、植民地主義《コロニアリズム》によって閉じられていたもの――言語の多様性――を旧英連邦の加盟国が再び開く可能性に向かって進むべきなのです。コミュニケーションの媒体は英語のままでいいでしょう。私たちは利便性を考慮して、英語という植民地主義からの贈り物を受け取ります。しかし、作品はさまざまな言語で書かれ、比較研究されなければなりません。それはまさに、帝国がさまざまなお国言葉で返答してくるということなのです。

マリーズ・コンデ〔一九三七年―〕は、グアドループ〔西インド諸島にあるフランスの海外県〕出身の、フランス語で小説を書く作家です。これから引用する一節で、コンデはアフリカのサバルタンに対立するカリブの上流階級を描いています。正体がはっきりとはわからないのですが、西アフリカ出身の――おそらく女性の――サバルタンが、マルティニーク出身でフランス語を話す上流階級に属するヴェロニクにこう語ります。「なんておかしな国でしょう〔*quell étrangeté ce pays*〕、マンディンガ語もフラニ語もトゥクルール語もセレル語もウォロフ語もトマ語もゲル語もファン語もフォン語もベテ語もエウェ語もダグバニ語もヨルバ語もミナ語もイボ語も生み出さなかった国〔*qui ne produisait*〕だなんて。しかもそこに住んでいたのは何といっても黒人だったのですよ〔*Et c'étaient tout de meme des Noirs qui vivaient là!*〕。」ヴェロニクはこうした言葉を聞き流し、自分の容姿をほめられて喜んでいるだけです。「『お国の女のひとはみんなお嬢さんみたいにきれいなんですか。』私はこれを聞いて、ばかばかしいと思いながらもうれしかった。」

もちろん、ブルガリアの人びとは言語に対してきわめて高い意識を持ち続けており、これは驚くべきことです。ですから、いま引用した文章は、ブルガリアにはある程度までしか当てはまらないのですが、等価性《イクィヴァレンス》を忘れないでください。ぜひ翻訳してください。アフリカが存在する——そう考えてみてください。みなさんが言っていたように、ここでアフリカの諸言語を紹介しても学生たちは興味を持たないでしょう。こうした状況を変えることは可能でしょうか。

コンデの小説の登場人物であるヴェロニクは、サバルタンのアフリカ人女性の問いに耳を傾けません。もしも英連邦協会が比較文学という難しい課題を引き受けないならば、インドの諸言語で書かれた文学は、少数言語で書かれた多くの文学と同様、これから栄えることはないでしょう。こうした文学は、それ自身の力だけでは栄えることはできないのです。そういうわけで、私は今日の午後、英語で書かれたインド文学について研究している友人にこう言ったのです。「私たちを殺さないで」と。ヴィクラム・セースのような作家に支払われる前金と、インドの諸言語で書かれた文学が稼ぐお金とを比べると、驚くべきことに後者の金額はかなりのものだとわかります。ひどいことですが、知識社会学はこうした文学から「インド」という名を取り去ろうとしています。最近コロンビア大学のある学生が、博士認定試験の科目として〈インド文学〉と呼ばれる分野を申し入れてきました。「それは英語で書かれたインド文学のことでしょう?」と私が尋ねると、その学生はこう言いました。「アーミット・チャウドリ〔インド出身の作家。一九六二年—〕の定義によれば、インド亜大陸について英語で書かれた文学だけがインド文学と見なされることになっています。」文学とは、自分が読むことのできないインドのあらゆる言語で書かれた文学のことであるという〔サルマン・〕ラシュディの言葉は「偏狭」でした。繰り返し語られる移民経験の物語は、エキゾティックなものとしてのインド表象から、文化融合《フージョン》としての〈インド—イギリス〉や〈インド—アメリカ〉まで、その様式はさまざまですが、作家が住む場所につねに焦点を合わせているのですから、これもやや「偏狭」だと言えるのではないでしょうか。

知識社会学は、インドの諸言語を人工的に英語と混ぜ合わせクレオール語化して、分断されてはいても各階層ごとに共有されてきた北インドと南インドの文学の歴史を破壊しようとしています。英語の均質化とのダブルバインド状況にありながら、私は長いこと、民族主義者《ナショナリスト》の隔離地区《ゲットー》における〈インド比較文学〉だけではなく、大英帝国の単一文化を生産的に解体し、あらゆる帝国と革命を生産的に解体する比較文学一般も提唱してきました。中央アジアから女性たちがアメリカ合衆国へ、コロンビア大学へとやってくるのは、この大学に大きなハリマン研究所——かつてのソヴィエト研究所で、いまではポスト‐ソヴィエト研究所になっています——があるからです。私がフェミニズムを研究しているため、またタシケントはインドに近いということもあり、彼女たちはよく私のところへ話しにきます。そこで話題になるのは、彼女たちはみなロシア語を話し、母語〔土地の言葉〕のニュアンスがもうわからなくなっているので、祖母たちと話ができないということです。グローバルな比較文学とはどのようなものなのか、その輪郭を定めようとするならば、少なくとも次のような希望を持つことができます。それはすなわち、グレゴリー・マッセル〔一九二五年―〕の小説『代理プロレタリアート』（一九七四年）〔この小説の副題は、『ソヴィエト中央アジア一九一七年―一九二七年におけるイスラム女性と革命の戦略』〕で描かれたような、主として女性のソヴィエト化が言語にもたらす深い影響を無効にできるという希望です。この文脈で、私はマルクスのとてもよく知られた一節〔『ルイ・ボナパルトのブリュメール十八日』〕を思い出します。「新しい言語を覚えたばかりの初心者はそれをつねに自分の母語に訳し戻すものだが、訳語を思い出さないでその言語を使えるようになり、それを使う際に祖先伝来の言語を忘れるようになったときにはじめて、彼はその新しい言語の精神を身につけたのであり、その言語を自由に使いこなすことができるのである。」私は英語を話すとき、ベンガル語から訳しているのではありません。私の母語であるベンガル語を英語に翻訳することはできません。私がベンガル語で出版するものはずっとベンガル語のままです。私でなくてもそれを翻訳するのはとても難しいと思います。「訳語を思い出さないでその言語を使えるようになり、それを使う際に祖先伝来の言語を忘れるようになったときにはじめて、その言語を自由に使いこなすことができるのである。」翻訳者はまさしくこうあるべきでしょう。つまり、翻訳していることを忘れることができるということです。これは、ひとつになろうとする支配的言語が意のままにするエネルギーのようなものとよい比較文学、この両者をそのまま記述した言葉なのです。世界中のすべての言語を、このような深みにおいて学べるわけではありません。しかし、ふたつの言語は学べます。母語に加えてもうひとつ、n+1です。学ぶ過程で、ひとつの帝国編成の下で平板化されてしまった世界の立体模型地図《レリーフマップ》を復元しましょう。復元されたその地図を帝国と呼ぶかどうかは問題ではありません。

　ナショナリズムは、記憶を蘇らせることによって構成された集団的想像力の産物です。独占せよ、というナショナリズムの魔法を解くのは、比較文学者の想像力です。そうした骨の折れる仕事が楽しくなるように、想像力を鍛えなければなりません。しかしながら、人文学の高等教育に力を入れるということは、社会における優先事項にはなっていません。「発展途上」の世界で競争に勝っていこうとしているインドではもちろんそうなってはいませんし、アメリカ合衆国でもそうなってはいません。人文学は、文芸的な仕事あるいは量だけで評価される仕事へとしだいに矮小化されつつあり、かつ／または、みずからを矮小化しつつあります。私が教師として四十五年間働いてきてなにか学んだことがあるとすれば、それは人文学の矮小化という悲劇、文化の死のようなものです。ですから、ただ文学史や個々の作品や偽の科学主義を教えることをではなく、先ほど述べたような文学教育を行政側が評価しなければ、想像力を育てることはできないでしょう。

ここでいくつかの隠喩《メタファー》についてお話しようと思います。それで終わりにしましょう。

まずは時間と女性〔という隠喩〕です。時間化に関する一般的な物語《ナラティヴ》は、個人の生活と集団の生活を支えています。サイモン・ギカンディ〔プリンストン大学教授〕は、アフリカという文脈において（彼自身ケニア出身です）大虐殺を支持する物語《ナラティヴ》に取り組み、アフリカの人びとがこうした物語にいかに介入できるかを考えてきました。イスラエルは、いわゆる聖書物語によって正当化された国家暴力を支持していますが、これはずっと広い意味での物語です。

再生産〔生殖〕をめぐる異性愛規範はナショナリズムを支えているわけですが、女性はこの規範のどこに場所を占めるのかという問題があるので、この時間化に関する一般的な物語《ナラティヴ》においては女性の役割はとても重要です。私たちは、生まれるとき、時間が流れる可能性、時間化のなかへと生まれ落ちます。私たちは時間のなかに存在しているのです。時間化しなければ、先《ビフォア》を考え感じなければ、この可能性を把握できません。この先《ビフォア》が今《ナウ》を経て後《アフター》になるのですから。人間が最初にみずからを言語化するのも、これとほとんど同時期だと思われます。というのも、私たちはまた、言葉のなかへと生まれ落ちるからです。すでに述べたように、言葉は私たちが生まれる前《ビフォア》から存在しているので、私たちは、言葉がすでに‐そこに在るということを受け継いでいくのです。そして、言葉に意味を与えることができる私たちは、そうすることによって、やがて訪れる未来の方へ向かっている自分を考えることができます。言葉を受け継ぎ言葉に意味を与えるというこうした考え方こそ、時間に関する慣用語法にかなった物語であり、アイデンティティはこの物語に合わせて与えられねばなりません。出産することによって人を時間化の方へ連れ出すのは普通は母親なので、私たちの時間の捉え方には、起源に関する特定の直観が示されていることがよくあります。そうした直観は、母親をコード化し再コード化することによって、あるいは、女性の場所を取り囲み操作することを通じて可能な未来を計算することによって示されるのです。ネイションに見られる娘のような性質は、こうした再コード化と密接に関連しています。やがて訪れる未来に向かう時間を捉える別の例として、女性はネイションの未来を子宮に孕んでいるという考え方があります。これは、結婚というよくある物語に由来します。言語、母親、娘、ネイション、結婚。私はこうしたテーマに取り組むことから研究を始めましたが、今日も同じです。現代における文学的想像力の務めとは、こうしたテーマ、こうした譬喩表現《フィギュア》を粘り強く脱‐超越論化することです。言い換えると、〔言語、母親、娘、ネイション、結婚といった譬喩から成る〕図表をテクストとして研究するならば、公的領域つまり国家を支える市民組織を動かす、言葉では言い表せない文化的「リアリティー」としてこうした図表を見るのではなく、想像的なもののなかにその図表を取り込んでおくことができるのです。「文化」とは人をだますシニフィアンです。自分が奉じる「市民ナショナリズムが先進八ヵ国［G8］に肩入れしているときに、もしも「文化的」ナショナリズムに肩入れするならば、必然的にそうなるというわけではありませんが、「文化的に」選ばれたネイションにおいて、再分配を目指す社会正義に反対することになる可能性も出てくるのです。新自由主義的グローバリゼーションに向かって進んでいくとき、この点は大変重要になります。

繰り返しましょう。自分が奉じる「市民」ナショナリズムが先進八ヵ国［G8］に肩入れしているときに、もしも「文化」ナショナリズムに肩入れするならば、必然的にそうなるというわけではありませんが、私たちは、「文化的に」選ばれたネイションにおいて、再分配を目指す社会正義に反対することになる可能性も出てくるのです。そうなる可能性があり、それは十分ありうることですらありますが、必然的なことではありません。ナショナリズムが位置《ロケーション》と混同されるならば、ナショナリズムは価値評価のためのカテゴリーを与えてはくれないでしょう。言い換えれば、再びインドの事例で言うと、NRI——在外インド人を指す略語——あるいはPIO——インド系移民——は、インドからビザに関する何らかの特権を与えられていますが（NRIとPIOの両者は、合衆国とおそらくイギリスにおいてのみ、大都市におけるディアスポラ状況を物語っています）、こうした人びとのことを、必然的に良いとか悪いとか言えないということです。民族主義者《ナショナリスト》の左翼、社会運動家の民族主義者——もちろんこの人たちはいまやナショナルな市民社会に肩入れしています――そしてグローバリゼーションを支持する民族主義者、こういった人びとは「良い」と「悪い」をそれぞれ違った風に規定するでしょうから、問題は複雑になっています。ブルガリアという国民国家《ネイション・ステイト》においても、EUに加盟してからは、こうした状況がすぐそこまで、目と鼻の先に迫っています。私はNRI〔在外インド人〕だと言ってもいいくらいなので、こうした発言は関心を引くでしょう。しかし関心を引くというだけではありません。私の発言は、今日あるいはこれからもずっと「ナショナリズム」をはっきりとした価値のあるものと考える能力と危険を示してもいるのです。国民国家《ネイション・ステイト》の一部分が、「インターナショナルな市民社会」における、自主的に活動する道徳的主導者たちと緊密に連携している今日、ナショナリズムという試金石だけで、状況を読み取ることはおろか、状況に介入することなどできるのでしょうか。病気と貧困の撲滅運動における、永続する社会的生産性を分析するとなると、ここでのお話の範囲を超えてしまうでしょう。ここではただ、ナショナリズムとは人をだますカテゴリーである、そう繰り返しておきます。十九世紀初頭、イギリスにおいて資本主義が始まったとき、シェリーは〔『詩の擁護』において〕こう書きました。「われわれに必要なものは、すでに知識となっているものに想像力をはたらかす創造的能力である」(1)。この何度も引用された嘆きをひっくり返してこう言いましょう。「われわれに必要なものはナショナリズムを知るための認知能力である。なぜならわれわれは、ナショナリズムのことをすでに知っているかのように、ナショナリズムが想像力とだけ戯れることを許しているからである。」ここで、私は相変わらず次のように主張します。想像力の限界を試すくらいに、しっかりと想像力を鍛えなければならないと。グローバル化したポストコロニアルの時代において、民族を解放するナショナリズムは博物館に入れてよいでしょう。展示するにはもってこいですね。素晴らしい展示になるでしょう。民族を解放するナショナリズムはまた、教育カリキュラムに組み入れてもよいでしょう。歴史の勉強にはもってこいですから。ネルーとガンディーについて学んでください。想像力の務めは、博物館や教育カリキュラムが、新たな啓蒙という使命の口実を与えているのを放置しておくことではありませんし、私たちに間違った相手と手を組ませることでもありません。ユーラシア大陸を再定義するという仕事全体……これにかかわることです。ユーラシア大陸がNATO〔北大西洋条約機構〕の演習場になりつつあることに嫉妬を感じているのかと、私に質問なさった方がいましたね。これは嫉妬の問題ではなく恐怖の問題です。ラジオ・フリー・ヨーロッパ〔自由欧州放送〕から流れてくる、「そうです、もちろんアメリカ合衆国は中央アジアの大国です」という言葉が与える恐怖です。トルコがヨーロッパの一員になろうとしていますが、みなさんの国ブルガリアは、他の国々とは違った意味でヨーロッパの一員です。ただ、みなさんご自身は、ブルガリア人は完全にヨーロッパ人であるというわけではない、そうお考えでしょう。みなさんがヨーロッパと呼んでいる地域が、みなさんを周縁化して田舎者のようにしてしまっているからです。これはオーストラリアと似た状況です。オーストラリアの人びとも、ヨーロッパによって周縁化され田舎者にされているように感じています。しかし、オーストラリアのアボリジニはそんな風に考えてはいないでしょう。アジアでは、手を組む相手をいかに選ぶかということが問題なのです。

国家の再発明についてお話して終わりにしたいと思います。「国民国家《ネイション・ステイト》」というのは口にしやすい言葉です。〔しかし〕いわゆるグローバル・サウスにおいて、民族主義者《ナショナリスト》が唱えるアイデンティティ主義という重荷を捨て、市民国家（civic state）を再発明し、ネイションの境界を超えて批判的地域主義（critical regionalism）に向かって進むこと、これこそが今日私たちが取り組むべき課題であるように思います。あなたがた〔ユーゴスラヴィア人〕は、国境が変化してきた歴史からして、地域主義をきわめて実現しやすい特別な立場にあります。私たち〔インド人〕は、民族《ナショナル》のアレゴリー以外はなにも書けず、〔ヨーロッパから見て〕地方に位置しているという運命に加えて、新たな問題を抱えてきました。それはつまり、「ポスト構造主義の前提、ポスト構造主義に潜在しているアイデンティティティ主義的な反アイデンティティ主義という逆説、マイノリティーの側につくポスト構造主義の反国家主義、資本主義に反対するユートピア的で批判的な展望がポスト構造主義には欠けているということ……」といったことです。救世主《メシア》の出現を信じる者としてマルクスを読み、来たるべき民主主義について延々と書き続けてきた哲学者に対して、以上のような言葉をどう適合させればよいでしょうか。

私に関して言えば、私は完全にユートピア主義者です。私は、グローバル・サウスにおいて一団を成す再想像された世界、その実現を未来に見ています。もちろんそれは、時間をかけて少しずつ実現を目指すしかないものです。しかしこうした目標は、経済構造を少しずつ修正していくあいだにも忘れるべきではありません。この目標は、文化的アイデンティティ(「ナショナリズム」のことです)を強調するだけではなく、経済構造の修正が及ぼす悪影響を退けもする、想像力に富んだ人びと(folk)を生み出すかもしれないのです。〔ハンナ・〕アーレントが言うように、国家《ステイト》は抽象的な構造体です。みなさんは、私がお話していることはすべて、教えることと学ぶことをめぐるものだとお気づきかもしれません。人文学の教師には多くの務めがありますが、そのひとつは、国家《ステイト》の抽象的で合理的な民主的構造に、文化ナショナリズムという重荷を背負わせないようにすることです。繰り返します。（複数の）言語を用いることによって鍛えられた想像力は、民族《ナショナル》のアイデンティティがみずからを真理だとする主張を解体するかもしれず、したがって、国家《ステイト》の働きを覆い隠す文化ナショナリズムと――たとえば、アメリカという「ネイションョン」がテロ行為によって危機に瀕しているという名目で、市民の自由が奪われている事実を覆い隠す文化ナショナリズムと――私たちとの結びつきを解いてくれるかもしれないのです。またしても「かもしれない」です。人文学教育だけが世界を救うことができる！などという愚かなことを申し上げるつもりはありません（とりわけ今日の人文学教育の現状を見れば）。あるいは、世界を救う決定的な策があるなどとは思いません。また、「世界を救う」という言葉や考え方に意味があるとすら思いません。

今日のお話の要点は、ナショナリズムを脱‐超越論化すること、特異《シンギュラー》な想像力を鍛えるという課題であり、こう言ってよければ、国民国家《ネイション・ステイト》から「ネイション」を引き離すことをつねに考える、ということです。こうした目論見は、民族《ナショナル》の解放がなされた直後には聞こえが悪いものです。アパルトヘイト政策が撤廃された後、南アフリカの或る有名大学での第一回記念講演に招かれたとき、私はいま述べた目論見についてお話したのですが、評判は必ずしもよくありませんでした。あれから十年後、そのときの講演はアンソロジーに収められ、その本の編者はこう書いていています。「下からの啓蒙ということが盛んに言われていた当時、ガヤトリ・スピヴァクの講演には先見の明があった。」しかし当時はよく言われませんでしたね。強い拒否反応がありました。そういうわけで、私は何度も繰り返し言っているのです――六十年前に〔インド〕独立を経験した人の話を翻訳してください、と。翻訳できるかどうか試してみてください。「ネイションをそのように考える余裕はわれわれにはない」などと言って済ますのではなく。問題はそういうことではありませんし、ここに比較文学研究がやるべき仕事があります。ですから、国家《ステイト》の再発明について明瞭に語るいくらかの言葉、人文学だけにかかわる教育の外へと私たちを連れ出す言葉は、ここでは場違いなものではないのです。

ご存じの通り、経済の再編成は国民資本《ナショナル・キャピタル》と国際資本《インターナショナル・キャピタル》とを分け隔てている障壁を取り除くので、同一の交換システムがグローバルに確立される可能性があります。単純に言えば、これを悪いと取る必要はありません。たしかにこれは、長いこと失われている幻影、インターナショナルな社会主義というはかない夢でした。

しかし、個々の国家《ステイト》それ自体は大変な苦境にあるのですから、それぞれの国家の状況を隠すべきではありません。純粋なナショナリズムは、経済成長が再分配という正義に等しいわけではないことを無視して、私たちを道に迷わせることもあります。スペクタクル風の反グローバル運動、あるいは慈善による大規模な反グローバル運動は、それがいかなるものであれ――シアトルでもジェノヴァでも

――再分配という正義を保証するものではありません。私は、とりわけフェミニストとして、長いことこう考えてきました。つまり、解放をめざすナショナリズムでさえ、縫い目のない統一体であるアイデンティティを、敵対する相手によって押しつけられたものと考えている、ということです。こうした文脈において、エドワード・サイードがパレスティナに関する二国家解決〔イスラエルとは別にパレスティナ人の国家をつくること。サイードは、一つの国家のなかにパレスティナ人とユダヤ人が同じ権利を持って共存する「一国家解決」を説いた〕を拒否したことは称賛すべき事例です。

経済の再編成が押し寄せてくる前であっても、私がお話した地域で働いていた人なら誰もが、ここでは憲法の拘束力があまり働いていないと語ったことでしょう。そしていままでは、国家《ステイト》の優先性はますます変わってきており、憲法の力による再分配という正義の実現は、不可能ではないにしてもしだいに容易ではなくなっています。慈善活動はいまや、インターナショナルな市民社会から直接トップダウンで行われています。国家《ステイト》は、経営管理者として自由市場の要請を受け入れるよう求められているため、事実上（そして、ときとして権利上）違憲状態にあるのです。人権監視団体「ヒューマン・ライツ・ウォッチ」はこの点に気づいており、慈善団体が介入しています。私たち〈南〉の人間は、多くのことを成し遂げるために、憲法を通じて事に当たることが普通はできません――ハーバーマスは、ドイツに、ポスト・ナショナルな世界に腰を落ち着けたままで、どうして憲法愛国主義について語ることができるのでしょうか。世界の現状に気づいていないのですね。(2) 愛国主義について言えば、これは、機能的国家《ステイト》という抽象的構造体が主に国防のために利用する感情であり、この点で愛国主義はナショナリズムをはるかに上回っています。「祖国のために死するは麗しくも甘美なるかな」（ホラティウス『オード』）というわけです。私は子どもの頃に歌っていた『メバール・パタン』、勇ましくはあってもイデオロギーで汚染された民族解放主義によって作られた歌、その一節を思い出して口ずさみます。武器を取れ！と。

国家とは別の道だけを、あるいは政府を経由しない道だけを進むのではなく、市民が支える国家《ステイト》の構造をナショナリズムと愛国主義から遠ざけておくこと、国家の再分配機能の優先性を高めること、地域の連携を確立すること、こうした努力を要する務めこそ、新たな比較文学が社会科学と連携しつつ不断に取り組めることなのです。こうした務めには、過去を読むことも含まれます。人文学を教えるフェミニストの教師は、ここで特別の役割を果たすように思います。というのも、欲望——ネイションの名において勝ちたいという欲望——をこうして再配置することの背後には、脱 - 超越論化という仕事があるからです。それは、絶対的な安らぎというもっとも私的な感覚から、名付けられた土地に対するもっとも激しい忠誠心にいたるまで、類比を利用するという策略を脱 - 超越論化すること、再生産〔生殖〕をめぐる異性愛規範という公理を利用する策略を脱 - 超越論化することです。たとえばエマニュエル・レヴィナスは、規範を確立するという策略について述べています。女性は故郷《ホーム》としての家《ホーム》を確立し、ここから出発して男性が言語を交換するにいたるという規範ですが、この規範は、レヴィナスにとっては、きわめて攻撃的な国民・国家主義《ネイション・ステイティズム》という政治へと否応なく通じているものであり、ネイションの起源をめぐる歴史物語《ナラティヴ》よりもはるか昔から存在するアイデンティティ主義の神話にしっかりと繋ぎとめられているものなのです[3]。

二〇〇三年の八月、バングラデシュで女性に対する犯罪をめぐる公聴会が開かれたとき、査問委員（私もその一人でした）はこう提議しました。南アジア地域協力連合（SAARC）は、加害者をもっと簡単に逮捕できるように、そして、国境を超えて存在し、しばしばＨＩＶに感染している人身売買された女性たちを、生存者に配慮した法律で支援できるように、国家《ステイト》を超えた裁判権を確立すべきである、と。フェミニストのこうした仕事は、性労働を監視したり助言活動を行ったりする団体を通じて女性の生活を再コード化し、証言する女性を保護するという豊かな文化を補うというだけではありません。性労働に対するこうした女性たちの自覚を促し、再生産〔生殖〕をめぐる異性愛規範に対して積極的に批判を行うこともまた、フェミニストの仕事なのです。アメリカはこうした批判を理由に、とてもうまくいっているHIV-AIDSプログラム——ブラジルやグアテマラがよい例です——の援助を取りやめようとしています。それはなぜかと言えば、性労働を行う女性たちが売春を犯罪と見なそうとはしないからなのです[4]。こうした状況において、多言語が使用される〔国境を超えた〕地域を対象とする比較文学研究にできることは山ほどあるでしょう。

最後に、私の話の骨子だけまとめておきます。ナショナリズムは公的領域を管理・支配しようとして、もっとも私的なことに働きかけます。私は口承定型詩から、民族主義者《ナショナリスト》が唱えるアイデンティティ主義ではなく、等価性《イクィヴァレンス》という教訓を学びました。エティエンヌ・バリバールは私との会話のなかで、平等性《イクオリティ》は差異を認めるのに対し、等価性《イクィヴァレンス》は差異を覆い隠してしまうのではないかと述べましたが、私は彼との会話に多くを負っています。バリバールの言いたいことはわかりますが、完全には同意できません。私はこうした会話を経て、多言語にかかわる比較文学を提唱するようになったのです。かつて存在したさまざまな帝国に関係するこの比較文学は、それぞれの土地における土着の文学をクレオール語化するという流れを止めるでしょう。[5] 英語で書くことに備わる力に加担することはないでしょう。圧倒的に進むグローバリゼーションを前にして、文学の想像力が、ネイションを脱‐超越論化し続け、地域主義に開かれた国家《ステイト》が行う再分配をいつまでも後押しできるように、人文学における高等教育は強化されねばならないのです。こうしたことを、ぜひ想像してください。すぐ近くまで来ている新たな世界のために。ご静聴ありがとうございました。

質疑応答

アレクサンダー・キオセフ　どうもありがとうございました。新たな発見を促す変化と思いがけない飛躍に満ちた大変すばらしい講演で、たくさん質問が出るのではないかと思います。とはいえ、ただいまの才気あふれるお話について、いますぐ論じ合うのは容易なことではありません。どなたか、議論全体の骨子をまとめてくださいますか。それでもやはり、まず始めに少なくとも、そうですね、お話の一部に関する質問があるでしょう。そうした質問から始めましょう。そうしているあいだに、どなたかが議論全体の骨子について勇気を奮って質問してくれるでしょうから。では、どなたでも結構ですからご質問をどうぞ。

聴衆より　想像力、文学の想像力についてうかがいます。正確に理解できたかどうかわかりませんが、あなたが母語、第一言語の我有化（appropriation）についてお話したとき、我有化という観点だけからお話していたのではなく、外への我有化（ex-appropriation）といったようなこと、あなたご自身の……距離を取らせないような何かについても語っていると思ったのですが、それでよろしいでしょうか。

ガヤトリ・チャクラヴォルティ・スピヴァク　はい、だいたいそんなところです。

聴衆より　こう言ってよければ、問題は想像力の戯れを可能にする何かです。

自分と自分の第一言語とのあいだに意識的に距離を取ることができず、想像力を行使することができない場合はどうなるのでしょうか。それからたとえば、文学の想像力が民衆の想像力ではない場合などには。

ガヤトリ・チャクラヴォルティ・スピヴァク　すばらしい、みごとなご質問です。たしかに私は、私が属する集団――言い換えれば、人文学の教師たち――についてだけ語っていました。私は、公用語に対して実際はあまり親密な関係を持っていない人びとからいろいろと学んできたように思いますが、ナショナリズムは学んでいません。特殊な状況下にあるそうした人びとは、ベンガル語の一種やクレオール語など、自分たち固有の言葉であると思っている言語においてすでに二言語使用者《バイリンガル》なのです。しきりに使用言語を切り替えますし、なかにはベンガル語を教えようとする人もいます。しかし、私がお話した想像力は、世界中に存在している私のような人間にかかわるものです。そうした人間とは、比較文学を教える人びと、人文学を教える人びと、英連邦協会に属する人びと、ある種の帝国は終わりを迎えているという事実について考える人びとのことです。私は、比較文学者たちが書いたものを読むことによって、比較文学の実践について何事かを学びました。しかし想像力は、他のやり方でも、比較文学者のように文学的想像力を鍛えるのとは別のやり方でも行使できます。こういう可能性があります。資本主義のせいで機能不全に陥った社会体制、たとえば、国家《ステイト》によるテロ行為を目の前にして、これに反対する暴力を振るうための動員がかけられないようなムスリム共同体において、アル‐ハグ（*al-haq*）――翻訳しにくい言葉です――と呼ばれる、責任にもとづく伝統的なシステムは、想像力を行使するきっかけとして文学言語よりも役に立つかもしれない、そういう可能性です。アル‐ハグという非常に両義的な言葉は、よく「真実」と訳されますが、「権利」、「生得権」を意味してもいます。他人の世話ができるという生得権のことです。他方で、ムスリム共同体においてだけでなく、これと似たような状況下で起きていることは、文化記号論が社会の主流からはずれ、資本の社会的生産性に参与していないために、いま述べたような想像力へのアクセスが困難になっているということです。そうした現場では、努力を注ぐべきことはインフラの整備、普通とは違った教育を行うことです。これは小さな仕事ですが、重要な仕事です。また別に、再生産〔生殖〕をめぐる異性愛規範はもっとも古くて広く根づいている制度であるため、〔ムスリム共同体に見られるような〕責任にもとづくシステムはジェンダーに関して差別的になります。こうした場所は、私が文学の想像力を教えに行くところではありません。そうではなくて、私は大学における高等教育について、比較文学を教えることについてお話しているのです。実のところ、私は比較文学・社会研究所の監督責任者なので、言語を学ぼうとする自発的な動きを制度化しようとしているのですが、これをインフラ整備のような別の仕事に結びつけたいと思っています。その際になすべきは、社会の下層にいる人びとから学ぶことです。なにを学ぶのかと言えば、社会の下層にいる人びとの周りには、そうした人びとが上層に上がってくることを嫌がる向きがあり、こうした向きによって邪魔されることなく教育哲学が公的領域に関する直観を与えるためにはどんな困難を克服すべきなのか、ということについて学ぶのです。

アレクサンダー・キオセフ　講演について、私からあえて一点だけ取りあげたいと思います。国家《ステイト》、市民国家《シヴィック・ステイト》を文化ナショナリズムから引き離し、異質な部分から成る地域主義的組織を形成するというあなた個人のユートピアについて話されました。私はひそかに思ったのですが、ブルガリア、社会主義体制後のブルガリアは、あなたの言われるユートピアを実現しているのかもしれません。というのは、ブルガリア国家は、民族的《ナショナル》な文化政策から一切手を引いているのが実情だからです。ブルガリアのもっとも重要な国家機関はそれぞれ、ナショナリズムを模倣してはいますが、ナショナリズムにそれほど傾いているわけではありません。ナショナリズムの形式を反復していますが、その形式の中身は空っぽなのです。しかし実際に生まれていたのは、市民の楽園のようなものではなく、国家《ステイト》の下部組織、企業、サッカーのファン、歴史家など、それぞれ異なったイメージを持った多くの集団です。こうした状況で、公的領域に入ってこない水準で生じているのは、複数のさまざまなナショナリズムです。こうした複数のナショナリズムとは、ポピュリズムとも呼ばれるような感情、大衆の感情という奇妙なものです。最近、こうしたポピュリズム的で民族主義的《ナショナリスティック》な感情を前面に出した政党が現れました。この政党はあっという間に勢力を伸ばしました。こうしたことはブルガリアにかぎった話ではないと思います。ドイツの事例が挙げられますし、オーストリアの事例、ハイダー〔オーストリアの極右政治家。一九五〇—二〇〇八年〕とその政党のこと、ベルギー、フランス……等々、事例にはこと欠きません。ですから、国家《ステイト》が従来のナショナリズムによる政治から手を引いても、こうした感情——民族主義的《ナショナリスティック》とも愛国主義的とも呼べるような感情——が消え去ることはありません。そして、いくつかの集団や指導者たちが、それぞれ異なった理由からこうした感情を我有化するときいったいなにが起きるのか、大変興味深いところです。

ガヤトリ・チャクラヴォルティ・スピヴァク　そうですね、それはとても重要な警告です。インターナショナルな市民社会は、民主的な社会契約で成り立っているわけではまったくありませんから、こうした市民社会に対抗するということが問題になっているわけです。それが「市民社会」を名乗るのは、たんにそれが国家《ステイト》ではないからであって、そう名乗る前は「非政府系」という呼び名を使っていました。しかし、「非」というのは否定的な言い方ですから、しだいに「市民社会」という名称を使うようになっていったのです。あなたの言われていることは完全に正しいですね。国家には、その再分配という義務を果たすことを忘れないでほしいと思います。いたるところに台頭してきたナショナリズムについて言えば、おなじみの対処法、粘り強く批判し続けるということですね。地域主義的な機関はすでに存在しています。世界銀行や国際通貨基金は、これらが設立された当初は、社会主義陣営の外部に福祉世界のようなものを創ることを意図していました。こうした任務はすぐさま変化してしまいましたが。しかしその当初は、いま述べたような任務——国境よりも、国境を超えた地域を重視する——があったために、世界銀行のような機関も地域主義的だったのです。たとえば、インダス川の水利に関する世界銀行の任務は、インドとパキスタンの顔を立てることではありませんでした。インダス川流域全体が問題だったのです。今日では国境を尊重しないわけにはいきませんが、かつてバングラデシュで洪水対策行動計画が作られたとき、対象となっている河川の水源はインドにありました。アジアでは、地域主義的な機関は大部分が経済に関するものなのですが、これは当然です。私たちがいまやろうと努力しているのは、国境にかかわりなくアジアの諸地域を再コード化し——だから私はアーレントが好きなのですが——、民族の起源を古代に置くナショナリズムを求める声を、地域は多様であると主張して掻き消すことです。こうした声はいつの時代にも聞こえてきますし、だからこそ私は、ナショナリズムが訴える感情がいかに無視できないものであるかを伝えようとしているのです。それは感情ですらなく、公的なことに関する意識から二次的に派生してくるのではない、もっとも私的なものです。これは消え去ることはありません。それゆえに「ユートピア」という言葉があるのです。ただ国家《ステイト》を抽象的なものにとどめておくだけで、神の国を地上にもたらせるというわけでもないでしょう。しかし、いま申し上げているのは努力が必要だということです。国家という抽象的な容器を満たす中身として、ナショナリズムがどこかに――教育カリキュラムか博物館に――残ってしまうのですね。あなたの言われたことに賛成です。ナショナリズムはあまりにも危険で、回帰してくるものですから。しかし、国家と一体化していない純粋《クリーン》なナショナリズムは、私たちが言語を通じて行うこと、ネイションを脱‐超越論化すること、等々の一部でもあるのです。ユートピアが到来するとは思いません。それは到来しないもの、いわばつねに「来たるべきもの」だからです。それをめざすことは危険なプロジェクトですが、グローバリゼーションに借金をしており、そのせいで再分配に反対している民族主義的国家《ナショナリスト・ステイト》のほうがはるかに危険なのです。

聴衆より そうしますと、ネイションを脱 - 超越論化することによって、未来を再 - 超越論化することになるとおっしゃるのでしょうか。というのも、私の直観では、ネイションの超越論的な意味からいったん身を引くと、なにか他のタイプの超越論性にその場所を明け渡してしまうことになるような気がするからです。国民国家《ネイション・ステイト》が崩壊し、その後なにかが回帰してくるというわけです。超越論的偶像のない世界というものをお考えなのでしょうか。

アレクサンダー・キオセフ 超越論的なものの再分配ですね。

ガヤトリ・チャクラヴォルティ・スピヴァク

だからこそ、かつて文化を教える授業で行われていた文学教育のようなものが、今日では非常に重要なのです。文学的想像力が脱 - 超越論化すると私が言うのを聞いて、あなたが文学のようなものを思い浮かべるとき、あなたはそれを信じてはいないにもかかわらず、心を動かされているのです。マーティン・ルーサー・キング（一九二九―六八年）は、一九六七年にニューヨークのリヴァーサイド・チャーチで、「ベトナムを越えて」と題されたすばらしい演説を行いました。キングはこう言っています。「伝動という私の務めは、心から敵を愛されたが故にその敵のために死なれた〈あの方〉への忠誠に基づいていますが、これが忘れられてしまったのでしょうか(6)」。キングにとって、キリスト教は超越論的な物語《ナラティヴ》でした。私にとっては、それは物語《ナラティヴ》のひとつにすぎません。しかし文学者にとって物語《ナラティヴ》は重要なのです――それは脱 - 超越論化することですから。そういうわけで私は、世間の人びとがせっかちになり、地球全体が金融化されているなかで、休まず務めを果たさなければならない、人文学の務めはケーキを飾るサクランボのようなものではない、そう言っているのです。したがって脱 - 超越論化とは、ラディカルな運動の一部となるべき訓練のようなものなのです。

聴衆より　しかし、あなたのプログラムには積極的《ポジティヴ》な要素がありません。

ガヤトリ・チャクラヴォルティ・スピヴァク　私が言っているのは脱 - 超越論化ですよ。わかりました、積極的《ポジティヴ》な世界のことをお話しましょう。比較文学における等価性（equivalence）と私が呼んでもいる力（私の母が「あれもまた母語なのよ」と言ったときに示されたもの）が人びとをひとつにまとめているかぎり、積極的《ポジティヴ》な要素は存在します。それは否定的《ネガティヴ》なものではありません。実際、インドとパキスタン出身のフェミニストたちがやっていることの一部は、分裂したインドとパキスタンを元に戻すことなのです。ひとつにするという企てですね。世界のこうした地域では、その地域内部での反目が長年にわたって続いています。ですから、ひとつにするという企ては積極的《ポジティヴ》なことでしょう。しかし、想像力の働きを説明するとき、私はこの否定的《ネガティヴ》な言葉――脱‐超越論化――をとりあえず使います。世界で最強の都市と言われることもあるニューヨークにある最強の大学で私は教鞭を執っています。南アジアのことを教えているのではありません。私は英文学――支配者の言語で書かれた文学――を教えています。私の学生、学部生は、卒業後にシリコン・ヴァレーで働いたり、政界で有力な地位に就いたり、最近では世界を助ける――人権に関する――仕事をしたいという学生もいます。私はこういう学生たちのことをも念頭に置いているのであって、なにか積極的《ポジティヴ》なことを求めている人びとのことだけを考えているのではありません。こうした学生たち、超大国の子どもたちは、しっかり覚悟ができていて、自分たちが――肌の色に関係なく――もっとも優秀で、歴史を動かすのは自分たちであり、全世界を救うことができると思っています。どうか私の話を文脈に照らして受け取ってください——私はアメリカでエリートを教え、インドでサバルタンを教えているのです。私は、積極的《ポジティヴ》なプログラムを待ち望んでいる全世界に向けて語ることはできませんが、脱‐超越論化という言葉によって要請しているのは、根本的に積極的《ポジティヴ》なこと——あることを信じてそれ以外のことを信じないという偏狭な心を捨て去るということ——なのです。お話しているのはそういうことです。カントの超越論的〔先験的〕演繹にならってこの脱‐超越論化を受け取るならば、つまり、証明はできないけれど経験が可能となるには不可欠な何か、そうした何かを考えるための必要な手続きとして、この脱‐超越論化を受け取るならば、私の話のなかでは、未来はたしかに超越論化されていると言ってよいでしょう。

ゾルニツァ・フリストヴァ　多言語による比較文学研究についてもう少しお話していただけないでしょうか。さまざまな外国語がすでに大学のカリキュラムを占めていますが、こうした状況に多言語による比較文学が付け加える利益とはどんなものでしょうか。多くの言語に関する研究プログラムがすでに存在し、各土地固有の言語とその言語で書かれた文学も研究されています。こうしたところにさらに比較文学を加えることで、どんな利益が新たに生じるのでしょうか。

ガヤトリ・チャクラヴォルティ・スピヴァク　比較文学によって利益を得るというのは、グローバルという感覚をつかむことですよ！　支配的な言語が翻訳の言語であると見なされ、そうした支配的な言語による翻訳しか読まれなくなると、翻訳されたという事実が消えてしまいます。これはためになることではありません。というのも、大学で教えていると事実に則したいと思うわけですが、翻訳されたものを翻訳として意識しないというのは事実に反することだからです。プラトンの『国家』〔英訳の書名は『共和国 *The Republic*』〕を読む際には、プラトンは共和国のことを考えていたのではない、「公的なこと（res publica）」のことを考えたのはローマ人だけなのだが、これはプラトンの著作においては別の言葉で呼ばれていた、といったことを知っておくべきなのですが、こうしたことを知らなければ学者としては失格です。アリストテレスの『詩学』〔英訳の書名は『*The Poetics*』〕を英訳で読むと、再現（imitation）や詩（poetry）のことはわかるでしょうが、実際にアリストテレスが、悲劇を書く作者たちと響き合うようなリズミカルな感じで――再現《ミメーシス》、詩作《ポイエーシス》、再現《ミメーシス》、詩作《ポイエーシス》という感じで――書いているという実感はつかめないでしょう。

しかし、より広い文脈での説明が必要なら……こういう話があります。私はアジア太平洋地域に大変興味があるので、近年はよく中国に行きます。ご存じの通り、この四年間中国語を習っています。中国へは私人として行くので、私を受け入れてくれる人を見つけるしかないのですが、私を受け入れる義務などありません。コロンビア大学の仕事で行くのではありませんから――私もアジア人で、パスポートはインド国籍のものです。どこかのＮＧＯ〔非政府機関〕といっしょならすばらしいでしょうが、一人で行くわけですから……。そこで私の義務の一つとして、二十分ほどいろいろな話を何度もすることになります。たいていは英語を教えることについて話してほしいと言われます。私は英語を教えた経験はなく、いつも教えている学生たちは英語を母語とする人がほとんどなのですが、頼まれたテーマについて話をします。あるとき、ＷＴＯ〔世界貿易機関〕のことを考えて英語を学んでいる地方官庁の責任者たちに話をしました。そのとき一人の男の人が私にこう言うのです。「わかりましたよ、あなたがそんなにうまく英語を話すのは、イギリス人に支配されていたからですね。」そこで私はこう応じました。「ホントよ、それはまったく正しいわ。私たちは、イギリス人に首根っこを押さえつけられていたから英語がうまく話せるようになったの。でもあなたたちは、アメリカ人に同じことをされないようにね。ＷＴＯに加盟したいから英語を学ぶ、などということがないように。なぜ私が英語を愛せるのかわかりますか。それは私が自分の母語を同じように愛しているからよ。」この段階では、彼に比較文学を教えたわけではありませんが、その近くまでは行きました。「なぜ言語を学ぶのかわかりますか。学んでいる言語で書かれた詩を読むためです。そうすればアメリカの連中を打ち負かすことができるでしょう。私が中国語を学んでいるのは、あなたの国の美しい詩が読めるようになりたいからなのです。」こんな調子で話しました。

みなさんは、ミシガン大学のアルトン・ベッカーという人類学者の本を読まれたことがあるでしょうか。ベッカーは――『翻訳を超えて』〔*Beyond Translation*, 2000〕という著書において――戦争を行ったり平和を実現したりするときにとても重要な、言語記憶という概念を提示しています。グローバリゼーションは絶えずさまざまな空間に入っていくわけですが、私たちは、別の空間に入っていくために、その言語記憶のなかに入っていけるくらい十分に言語を学ばなければならないというのです。すばらしいアイデアです。ニューヨーク・タイムズ紙で、一連の決まり文句――あなたが攻撃的な兵隊ではなく友好的な人間であることをわかってもらうためにイラク人に話しかける方法――の一例が紹介されました。こうした決まり文句は、イラク人は完全に馬鹿者であると前提しなければ、それほど意味はないと思います。マイケル・イグナティエフ（カナダの政治学者、政治家。一九四七年―）によれば、カブールに在留するアメリカ政府職員の机の上には、「ありがとう」、「今日はやめておきます」といった決まり文句を現地語で言うための小さなタグが置かれているそうです。相手のことを馬鹿だと想定しているのですから、このようなタグは役に立ちません。これに対して、被支配者の言語の言語記憶のなかに入っていくことは、おそらく公正な世界を想像するのに役立つでしょう。あるNGOに所属してスリランカで働くサイモン・ウェザーグッドという人が私にこう言いました。「私はこの五、六年のあいだずっと、タミル語とシンハラ語の両方を学んできて、スリランカに来たときに持っていた目標が変わってきたような感じがします。」私はこう応えました。「どうかそのままにね。その感じを持ち続けて。あなたのように思う人はめったにいないのよ。」みなさんの大学で、外国語教育の環境がうまく機能していて、さまざまな土地固有の言語がうまく教えられているのなら、そのことに感謝すべきですし、みなさんもみなさんの大学も幸運だと思います。比較文学の視点を導入することによって、民主主義の精神は強化されるでしょう。

聴衆より　すばらしい講演をうかがっているあいだ、最初の三十分間にあなたのお考えをつかもうとしているとき、才気あふれるインド人作家アルンダティ・ロイ〔一九六一年―〕と、彼女のとても奥の深い小説『小さきものたちの神』〔一九九七年度のブッカー賞を受賞〕のことを考えていました。実際これは、人生において重要なことすべてについて――死、愛、民族文化《ナショナル・カルチャー》と同様にネイションについて――書かれた小説です。この小説は、さまざまな土地の言葉、土地の文化を守ることを主張していますが、やはり英語で書かれており、そのおかげで世界中で読まれるようになりました。このように、民族的なものを擁護する小説がグローバルな言語で書かれているという事実についてどのようにお考えでしょうか。

ガヤトリ・チャクラヴォルティ・スピヴァク　私が大変すばらしいと思っている作家アシア・ジェバール〔一九三六年―〕は、アルジェリア人ですがフランス語で書いています。彼女は、『アルジェの女たち』〔*Femmes d'Alger dans leur appartement*, 2002〕の冒頭でスターの義務について書いています。スターの女性はいつも声をかけられますが、自分のしていることを意識しなければならない、そうジェバールは言います。社会運動がうまくいくのは、スターと民衆《ピープル》との隔たりがあまりに大きく、民衆が自分たちの指導者を崇拝しているからです。私は、数多のインド文学のなかで、注目されていない作品、読まれていない作品の方に興味があります。インドにおいても比較文学の試みを応援しているということですね。

タチアナ・ストイチェヴァ　国民国家《ネイション・ステイト》のプロジェクト、国民国家が再構築されねばならないことについて私たちが話し合っていたとき、あなたは比較文学にも言及し、比較文学が、これからは多言語にかかわるものになり、おそらく新たな地域に目を向けることになるだろうとおっしゃいました。しかし、さまざまな国民文学《ナショナル》が出現し、そうした文学と比較文学とのあいだに密接な関係があるという文脈において比較文学を考えてみたとき、〔国民国家《ネイション・ステイト》と同様に〕比較文学も将来において再構築されると思われますか。あなたの見込みあるいは提言があるとすれば、それはどんなものでしょうか。

ガヤトリ・チャクラヴォルティ・スピヴァク　おっしゃるようになるでしょうね。予言できるほどたくましい想像力は持ち合わせていませんが。比較文学は、第二次世界大戦後にアメリカに渡った複数の民族（folks）によって確立された学問ですから、その出発点からしてすでに地域主義的だったのです。ルネ・ウェレック〔チェコからアメリカに移住した比較文学者。一九〇三―一九九五年〕にとって比較文学は、修辞的テクストそのものを研究の対象とするだけでしたが、いまでは社会的なテクストも研究対象になっています。ターニャ〔質問者タチアナの愛称〕、たぶんあなたの言うようになるでしょうね。そう、比較文学はきっと変わるでしょう。私たちは、国家《ステイト》の再編成について考えているのではなく、つねに国家に求められている機能――再分配――を実現する構造体として国家を再発明することを考えているのです。再編成は新自由主義《ネオリベラリズム》とともに進んでいるので、自由市場が至上命令となります。こうした自由市場は、大企業そのものが課すさまざまな規制にもかかわらず「自由」だと見なされ、保護主義が世界貿易に書き込まれます。グローバル・ノースにおいて、それは福祉国家を解体するものです。しかし言うまでもなく、私はグローバリゼーションとＩＴ産業については触れていません。文学という学問がこうした危機的な変化と歩調を合わせていかに変わるかということは、解除反応的に、後からしだいに明らかになるでしょう。

タチアナ・ストイチェヴァ　危機の後の、ある学問の再生でしょうか。

ガヤトリ・チャクラヴォルティ・スピヴァク　『ある学問の死』〔スピヴァクの著書。*Death of a Discipline*, 2003〕に書かれていることは、アメリカ合衆国にしか当てはまりません。私はいつも、文脈を踏まえて物を言うようにしており、私がなにをしているのか、私がどこにいるのかということを明確に意識するようにしています。私の著書は、普遍的なメッセージを伝えるものではありません。あるフランスの書評で、「ガヤトリ・スピヴァクはこの本をベンガル語で書くべきだった。」と書かれました。私はベンガル語でたくさん書いていますが、この評者はそれらを読めないのです！　比較文学をめぐる状況は西ベンガルでは同じとは言えませんよ！　死亡宣告、哀歌《エレジー》というものはすべて、その結末において、人は再生すると語ります。『ある学問の死』は、たんなる死亡告知ではなく、比較文学への哀歌なのです。

これで質問は終わりですか？　すばらしい質問をありがとうございました。どれもいい質問でしたよ！

アレクサンダー・キオセフ　みなさんかなりお疲れですね。スピヴァク教授に心よりお礼を申し上げたいと思いますが、その前に、大変個人的なことをあえてお話してみましょう。スピヴァク教授は講演の冒頭で、これから話されることを自力で翻訳するようにとおっしゃいましたので、私は自分なりにそうしてみました。私の試みた翻訳は優れたものとはいえません。というのも、お話のすべてについていけたわけではなかったからです。よく理解できたところもありましたし、まだ考えているところもあり、私から見てあまりはっきりしない部分も残っていますが、ちょっと滑稽な味付けをしてあなたの講演を要約してみました。これから私の要約をお目にかけますが、これは私が勝手に行うものであって、講演そのものとは無関係です。「ネイション御中」――これは個人宛ではなくネイション全般に宛てたメッセージです――「ネイション御中、あなた方は想像上の物語（imaginary narratives）として発明されました。その後、あなた方は不幸にも制度化され、ご自身の起源をお忘れになりました。ご自身が想像上のものであることをお忘れになったのです。どうか、想像上のものに戻っていただけないでしょうか。あなた方は虚構の物語です。そしてさらなるお願いですが、あなた方でお互いを比較していただけないでしょうか。そうすれば、あなた方が平等（equal）ではなく等価（equivalent）なのだということがおわかりになるでしょう。」

ガヤトリ・チャクラヴォルティ・スピヴァク　お見事！　上手にまとめましたね！　ただ、ひとつ忘れていませんか。再生産〔生殖〕をめぐる異性愛規範です。それから、私のことをベン〔ベネディクト〕・アンダーソン〔アメリカの政治学者で、『想像の共同体』の著者。一九三六年―〕だと誤解していませんか。これらの点以外については、すばらしい要約です。私が講演をする必要はありませんでしたね、二分で済んだのですから！

注

（1） Percy Bysshe Shelley, 'A Defence of Poetry' (1821). シェリーの死後、次の著作中の一篇として出版される。Percy Bysshe Shelley, *Essays, Letters from Abroad, Translations and Fragments* (ed. Mary Wollstonecraft Shelley; London: Edward Moxon, 1840), pp. 1-57.〔シェリー「詩の擁護」『シェリー詩集』上田和夫訳、新潮文庫、二〇〇七年、二四八―三〇三頁〕

（2） Jürgen Habermas, 'Citizenship and National Identity: Some Reflections on the Future of Europe', *Pracxis International* 12.1 (1992): 1-19.〔ハーバーマス「シティズンシップと国民的アイデンティティ―ヨーロッパの将来について考える」住野由紀子訳、『思想』No.867、一九九六年、一八四―二〇四頁〕

（3） Emmanuel Levinas, *Totality and Infinity: An Essay on Exteriority* (tr. Alphonso Lingis, 1969), pp. 154-6.〔レヴィナス『全体性と無限』（上）熊野純彦訳、岩波書店、

二〇〇五年、三一〇—三一五頁〕

（4）アカデミー賞を受賞したドキュメンタリー映画『未来を写した子どもたち』〔監督：ロス・カウフマン、ザナ・ブリスキ、二〇〇四年）が、〔コルカタにおける〕売春をめぐる状況をどれほど誤って表象しているか——そして、この誤った表象の多くが現地の方言を理解できないことから生じている——ということは、ここで議論されてよいだろう。

（5）私はここで、エドゥアール・グリッサンの以下の著作に現れているクレオール性というすばらしいアイデアのことを言っているのではない。(*Caribbean Discourse: Selected Essays*, tr. Michael Dash, Charlottesville: University of Virginia Press, 1989; *Poetics of Relation*, tr. Betsy Wing, Ann Arbor: University of Michigan Press, 2003〔グリッサン『〈関係〉の詩学』管啓次郎訳、インスクリプト、二〇〇〇年〕; Jean Bernabé et al. eds, *Éloge de la créolité*, tr. M. B. Talebkhyar, Paris: Gallimard, 1993; Maryse Condé and Madeleine Cottenet-Hage eds. *Penser la créolité*, Paris: Karthala, 1995). 私は「世界文学とクレオール」という論文で、比較文学という学問分野全体に対して、クレオール性を比較文学のモデルとするように提言したことがある。この講演「ナショナリズムと想像力」では、私はクレオール語化を、その内実に分け入ることなく、多くの母語を弱体化させることという狭い意味で捉えている。

（6）Martin Luther King, 'Beyond Vietnam: A Time to Break Silence'. Delivered 4

April 1967, at a meeting of Clergy and Laity Concerned at Riverside Church, New York. 以下のサイトで聴くことができる。www.americanrhetoric.com/speeches/mlkatimetobreaksilence.htm〔M・L・キング「ベトナムを越えて」『私には夢がある』梶原寿訳、新教出版社、二〇〇三年、一五八—一八四頁〕

訳者あとがき

本書は、Gayatri Chakravorty Spivak, *Nationalism and the Imagination* (Calcutta: Seagull Books, 2010) の全訳である。

著者のガヤトリ・チャクラヴォルティ・スピヴァクは、一九四二年、インド西ベンガルのコルカタ（カルカッタ）に生まれ、カルカッタ大学を卒業後、一九六一年にアメリカ合衆国に留学し、ポール・ド・マンの指導を受けW・B・イェイツに関する博士論文を執筆する。アイオワ大学やテキサス大学などで教えたのち、現在はコロンビア大学アヴァロン財団人文学教授、比較文学・社会研究所長を務めている。

スピヴァクの著作は、その多くが日本語に訳されている。邦訳書のリスト（単行本のみ）は次の通り。

・『文化としての他者』（抄訳）鈴木聡・大野雅子・鵜飼信光・片岡信訳、紀伊國屋書店、一九九〇年。
・『ポスト植民地主義の思想』清水和子・崎谷若菜訳、彩流社、一九九二年。
・『サバルタンは語ることができるか』上村忠男訳、みすず書房、一九九八年。
・『ポストコロニアル理性批判』上村忠男・本橋哲也訳、月曜社、二〇〇三年。
・『ある学問の死』上村忠男・鈴木聡訳、みすず書房、二〇〇四年。
・『デリダ論――『グラマトロジーについて』英訳版序文』田尻芳樹訳、平凡社、二〇〇五年。
・『国家を歌うのは誰か？』（ジュディス・バトラーとの共著）竹村和子訳、岩波書店、二〇〇八年。
・『スピヴァク みずからを語る』大池真知子訳、岩波書店、二〇〇八年。
・『スピヴァク、日本で語る』鵜飼哲監修、本橋哲也・新田啓子・竹村和子・中井亜佐子訳、二〇〇九年。

また、スピヴァクに関する文献・解説書として、スティーヴン・モートン『ガヤトリ・チャクラヴォルティ・スピヴァク』(本橋哲也訳、青土社、二〇〇五年)や、『現代思想』(青土社)のスピヴァク特集(一九九九年七月号)などが有用である。

ブルガリアのソフィア大学で行われた講演の記録である本書は、欲望の再配置、等価性(equivalence)にもとづく比較文学の可能性、抽象的な構造体としての国家《ステイト》の再発明、批判的地域主義といった、スピヴァクが近年取り組んでいる主題が、一種のナショナリズム論という体裁をとってコンパクトに展開されている。本書のタイトル『ナショナリズムと想像力』は、ベネディクト・アンダーソンの名高いナショナリズム論『想像の共同体』を想起させるが、本書の「質疑応答」の最後でスピヴァクが注意を促しているように、この講演で強調されている「想像力」は、アンダーソンの言う「想像された共同体(imagined communities)」を構成する力能としての想像力とは異なっている。スピヴァクは、ナショナリズムを生み出す「集団的想像力」に対して、ナショナリズムという魔法を解く(比較)文学の想像力を提示し、こうした想像力を鍛える必要性を繰り返し説いている。想像力といえば、ドイツ観念論哲学やイギリスのロマン派文学との歴史的つながりが考えられるが、スピヴァクがこのことばに与えている意味は、「目の前にないものを考える能力」という、きわめて日常的なものである（Spivak. *Other Asias.* Oxford: Blackwell, 2008. 3-4. および『スピヴァク、日本で語る』一二九―一三〇頁を参照）。ナショナリズムを脱‐超越論化し、ナショナリズムを支える「再生産（生殖）をめぐる異性愛規範」を批判し、ナショナル・アイデンティティという同一性を解体する（かもしれない）想像力は、読むことを、そして（複数の）言語を学ぶという「日常的な」営みのなかで鍛えられる。この日常的で粘り強い（persistent）営みの大切さを説くスピヴァクの語りは、本書では言及されないが、スピヴァクが「心から敬愛する人物」（『スピヴァク みずからを語る』七五頁）であるレイモンド・ウィリアムズを想起させないだろうか。（ちなみに、スピヴァクが『サバルタンは語ることができるか』で用い、その後多くの論者がその重要性を指摘している「学び捨てる、忘れ去ってみる（unlearn）」という含みのあることばは、ウィリアムズが *Culture and Society*（1958）において印象的に用いたものであり、エドワード・サイードも『オリエンタリズム』において、ウィリアムズからの引用であることを明記してこのことばを使用している。）日常的に育まれるこうした想像力によってネイションを脱‐超越論化するということは、言い換えれば、抽象的な構造体としての国家《ステイト》からネイションを引き離し、ナショナリストが唱えるアイデンティティ主義を捨て、再分配という正義を実現しつつ批判的地域主義に開いていく国家《ステイト》を再発明するということである。「私は昔風の共産主義者です」（『スピヴァク みずからを語る』一〇七頁）と語るスピヴァクが、国家の廃棄や変革ではなく「国家の再発明」を主張することに対して、戸惑いを感じる向きもあるかもしれない。しかしこれは、新自由主義的グローバリゼーションと国民国家《ネイション・ステイト》との共犯関係を断ち切り、ひとつの国家《ステイト》内での再分配だけではなく、インターナショナルな再分配という正義をも実現するためのエージェントとして国家《ステイト》を再発明することである、そう考えることもできるだろう。また同時に、こうした国家の再発明すなわちネイションの脱‐超越論化は、「再分配か承認か？」（つまり、社会経済的ポリティクスか文化的アイデンティティ・ポリティクスか？）という二者択一を迫る（あるいはこの両者を分断する）「ポスト社会主義のイデオロギー」（ナンシー・フレイザー）に対する介入として読むことができるかもしれない。

想像力を鍛える（比較）文学の根本には等価性という原理があるべきだ、そうスピヴァクは述べている。等価性の認識とは、均一性の認識ではなく、「たとえば自分の第一言語が占めている唯一無二の場所を他のものが占めることができる」（本書三三頁）という認識である。したがって等価性とは、異なるものの（市場の外部における）交換可能性であるとも言える。この等価性において、同一性（ないしは貨幣）にもとづく位階序列は崩れ去り、異なるものが同じ身分で交差する可能性の空間が切り開かれる。本書においてもっとも印象的な語りは、スピヴァクが、口承定型詩を歌うサバルタンの女性たちとの交流のなかで等価性を学ぶところではないだろうか。スピヴァクがサバルタンの女性たちと共に口承定型詩を歌った家、「家具はなく、ドアも窓もなく、水道も電気も使えず、化学肥料が入っていた袋のような、六フィート×九フィートの大きさのポリエチレンのシートがあっただけ」（本書二六―七頁）の村の家こそは、等価性の認識を可能にした空間であり、また同時に、スピヴァクが等価性を認識したことによって、この家の内部がそうした可能性の空間に変容したとも言える。スピヴァクにとって、この家でサバルタンの女性たちと歌った記憶は、インド独立に纏わる幼年時の「街にあふれる飢餓と血」の記憶と同様に、「公的なことに関する意識から二次的に派生してくるのではない、もっとも私的なもの」だろう。しかし、こうした記憶はたんに私的で親密なものであるだけではない。それは、スピヴァクを容赦なく突き放す、異なるものの差異の記憶でもあるのではないか。スピヴァクの文章には、親密なものの差異／差異の親密さへと向かう衝迫が感じられる。スピヴァクの理論／テクストを特異なものにしているのは、そして「来たるべきユートピア」を目指す日常的で粘り強い営みを支えているのは、分節化し難いこうした衝迫であるように思える。講演の後の質疑応答の記録を含む本書は、スピヴァクのそうした衝迫の有り様をパフォーマティヴに示しているという点においても貴重なものである。

翻訳に際しては、青土社編集部の西館一郎氏にさまざまな便宜をはかっていただいた。記して感謝いたします。

鈴木英明

二〇一一年四月

ま　行

や　行

ら　行

た　行

な　行

は　行

人名索引

あ 行

か 行

さ 行

ナショナリズムと想像力

2011年4月21日　第1刷印刷
2011年4月28日　第1刷発行

著者——ガヤトリ・C・スピヴァク
訳者——鈴木英明

発行人——清水一人
発行所——青土社
東京都千代田区神田神保町1－29　市瀬ビル　〒101-0051
電話　03-3291-9831（編集）、03-3294-7829（営業）
振替　00190-7-192955

本文印刷——ディグ
表紙印刷——方英社
製本——小泉製本

装幀——戸田ツトム

ISBN978-4-7917-6602-4　　Printed in Japan